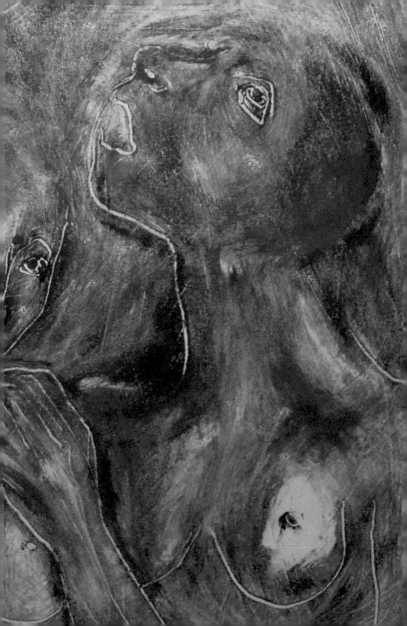

STRONG
WORDS

STRONG

о, есть неповторимые слова

WORDS

Poetry in a Russian and English edition

Alexander Pushkin
Anna Akhmatova
Andrei Voznesensky

translated by

Vladimir Azarov
Barry Callaghan

EXILE
editions

Fiction, Poetry, Translation, Drama and Nonfiction

artwork by
Amadeo Modigliani, Alexander Pushkin, Nikolai Tyrsa,
Andrei Voznesensky, Claire Weissman Wilks

Library and Archives Canada Cataloguing in Publication

Strong words : Alexander Pushkin, Anna Akhmatova, Andrei Voznesensky : a Russian and English edition / translated by Vladimir Azarov, Barry Callaghan ; artwork by Amadeo Modigliani, Alexander Pushkin, Nikolai Tyrsa, Andrei Voznesensky, Claire Weissman Wilks.

ISBN 978-1-55096-388-5
  1. Russian poetry--Translations into English. I. Pushkin, Aleksandr Sergeevich, 1799-1837, author, artist II. Akhmatova, Anna Andreevna, 1889-1966, author III. Voznesenskiĭ, Andreĭ, 1933- author, artist IV. Azarov, Vladimir, 1935-, translator V. Callaghan, Barry, 1937-, translator VI. Modigliani, Amedeo, 1884-1920, artist VII. Tyrsa, N. (Nikolaĭ), 1887-1942, artist VIII. Wilks, Claire Weissman, 1933-, artist.
PG3237.E5S87 2014   891.71008   C2013-900142-5

Second printing, 2022
Translation copyright © Vladimir Azarov and Barry Callaghan, 2013
Design and Composition by Michael Callaghan
Typeset in Goudy Old Style, Didot, and Trajan fonts at the Moons of Jupiter Studios

Published by Exile Editions Ltd ~ www.ExileEditions.com
144483 Southgate Road 14–GD, Holstein, Ontario, N0G 2A0
Printed and Bound in Canada in 2013, by Imprimerie Gauvin

We gratefully acknowledge the Canada Council for the Arts, the Government of Canada through the Canada Book Fund (CBF), the Ontario Arts Council, and Ontario Creates, for their support toward our publishing activities.

Canadian Sales: The Canadian Manda Group, 165 Dufferin Street,
Toronto ON M6K 3H6 www.mandagroup.com 416 516 0911

North American and International Distribution, and U.S. Sales:
Independent Publishers Group, 814 North Franklin Street,
Chicago IL 60610 www.ipgbook.com toll free: 1 800 888 4741

in memory of Andrei Voznesensky

Contents

ПредиСловие ~ ForePoem
Anna Akhmatova

СТИХИ ~ POEMS
by ALEXANDER PUSHKIN

И ГРОХОЧЕТ ЧЁРНОЕ МОРЕ
BLACK SEA RATTLE
by ANNA AKHMATOVA

СТИХИ ~ POEMS
by ANDREI VOZNESENSKY

ПослеСловие ~ EndPoem
Anna Akhmatova

ПредиСловие

ForePoem

Anna Akhmatova

Пушкин

Смуглый отрок бродил по аллеям,
У озерных грустил берегов,
И столетие мы лелеем
Еле слышный шелест шагов.

Иглы сосен густо и колко
Устилают низкие пни...
Здесь лежала его треуголка
И растрепанный том Парни.

1911

Pushkin

An olive-skinned callow boy
Is walking by the glade.
Hearing him step through decades
Of long grass has been a joy.

Prickly pine needles matted
Around the stump of a tree...
Here lie his tricorn cap
And a tattered copy of Parny.

СТИХИ

POEMS

by

ALEXANDER PUSHKIN

Я думал сердце позабыло

Я думал, сердце позабыло
Способность лёгкую страдать,
Я говорил: тому, что было,
Уж не бывать! уж не бывать!
Прошли восторги, и печали,
И легковерные мечты...
Но вот опять затрепетали
Пред мощной властью красоты.

1832

I had forgotten

I had forgotten in my heart
How to weep, how to suffer pain,
How, through poetry, to impart
In all its rapture, love, again!
But then—in the wine-dark sea
Of ecstasy, I revive...
Tormented, tearful, I thrive,
Words rhyme, come alive in me.

Что в имени тебе моём

Что в имени тебе моём?
Оно умрёт, как шум печальный
Волны, плеснувшей в берег дальный,
Как звук ночной в лесу глухом.

Оно на памятном листке
Оставит мёртвый след, подобный
Узору надписи надгробной
На непонятном языке.

Что в нём? Забытое давно
В волненьях новых и мятежных,
Твоей душе не даст оно
Воспоминаний чистых, нежных.

Но в день печали, в тишине,
Произнеси его тоскуя;
Скажи: есть память обо мне,
Есть в мире сердце, где живу я…

1830

Why call my name

Why call my name
When you know it will remain
Still as the sound of night
On a forest floor

Or soon recede from sight,
A spent wave on the shore,
My only trace the unknown
Epitaph on a weathered stone?

Why call my name?
What comfort to you
Are memories inflamed
By emotions all askew?

Souls perish when prised apart.
Yet, you may, one day,
Amidst some new sorrow, say
You cherish me in your heart...

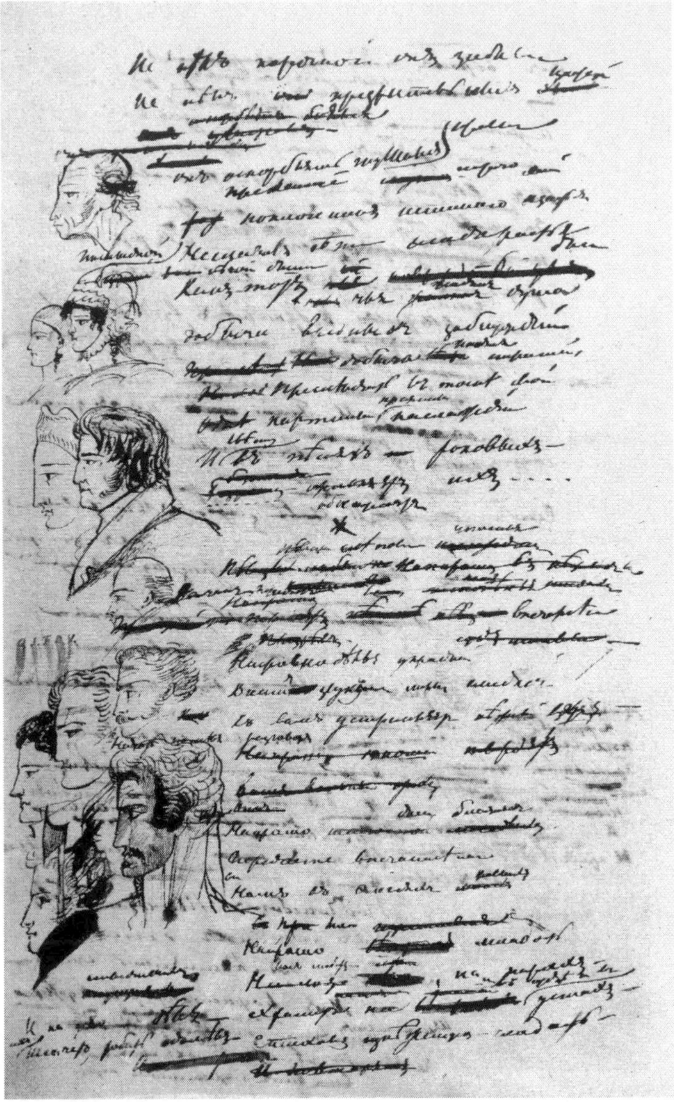

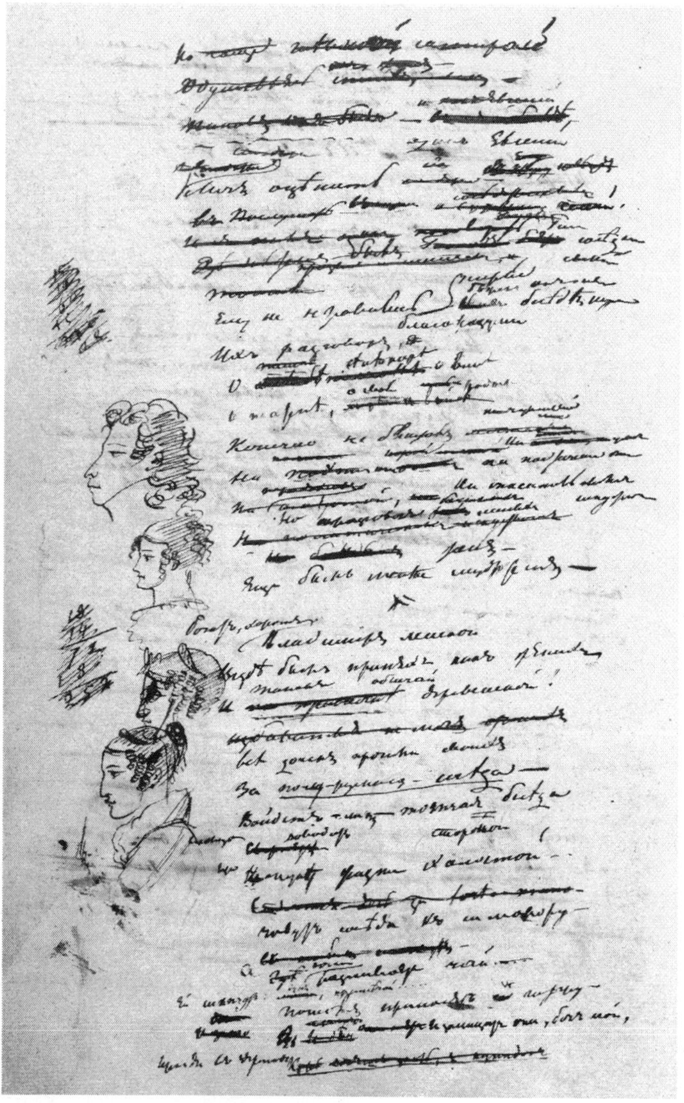

Не пой красавица при мне

Не пой, красавица, при мне
Ты песен Грузии печальной:
Напоминают мне оне
Другую жизнь и берег дальный.

Увы! напоминают мне
Твои жестокие напевы
И степь, и ночь — и при луне
Черты далёкой, бедной девы.

Я призрак милый, роковой,
Тебя увидев, забываю;
Но ты поёшь — и предо мной
Его я вновь воображаю.

Не пой, красавица, при мне
Ты песен Грузии печальной:
Напоминают мне оне
Другую жизнь и берег дальный.

1828 г.

O beauty, you ought not sing

O beauty, you ought not sing a song
Of your sad Georgia to me:
In my fraught memory I long
For a far shore and distant sea.

You sing a song of strife,
Of steppes lit by moonlight
And listening, I see a different life,
My missing love's unhappy plight.

The ghost in my blue dreams,
Though unreal is with me more;
And beckoning—a phantom preens
In a sea breeze above the shore.

O beauty, you ought not sing a song
Of your sad Georgia to me:
Distraught with memory I long
For a far shore and distant sea.

Осень

I

Октябрь уж наступил—уж роща отряхает
Последние листы с нагих своих. ветвей;
Дохнул осенний хлад—дорога промерзает.
Журча, еще бежит за мельницу ручей,
Но пруд уже застыл; сосед мой поспешает
В отъезжие поля с охотою своей,
И страждут озими от бешеной забавы,
И будит лай собак уснувшие дубравы.

Autumn

I

October comes—last leaves are shed,
Each branch in the wood is stripped clean;
A chill breath of wind ices the road o'er.
Though the pond is frozen solid, our stream
Still murmurs under the mill. My neighbour
Rides pell mell in fields far flung at the head
Of the hunt. His winter wheat's trampled dead.
Baying hounds arouse the sleeping arbour.

III

Как весело, обув железом острым ноги,
Скользить по зеркалу стоячих, ровных рек!
А зимних праздников блестящие тревоги?
Но надо знать и честь; полгода снег да снег,
Ведь это наконец и жителю берлоги,
Медведю надоест. Нельзя же целый век
Кататься нам в санях с Армидами младыми
Иль киснуть у печей за стеклами двойными.

III

Ecstatic as we stride on steel blades
Across the mirror of a frozen glade!
Festive bonfires before a winter feast!
On end you must admit that six beastly
Months of deep snow is enough to dismay
Even a bear in his den. We can't sleigh
Ride forever with sprightly nymphs or lie dazed
By a hot stove under windows double-glazed.

IX

Ведут ко мне коня; в раздолии открытом,
Махая гривою, он всадника несет,
И звонко под его блистающим копытом
Звенит промерзлый дол, и трескается лед.
Но гаснет краткий день, и в камельке забытом
Огонь опять горит—то яркий свет лиет,
То тлеет медленно—а я пред ним читаю,
Иль думы долгие в душе моей питаю.

1833

IX

My horse is to hand; settled under me,
Mane flying, we gallop across a field,
His glistering hooves sounding a lied
Of crackling ice that echoes through the lea.
As the winter day tamps down, a new blaze
Erupts in the disused stove, then plays
Itself out as smouldering embers—I read
And reflect on felt thoughts I ought to heed.

И ГРОХОЧЕТ ЧЁРНОЕ МОРЕ

BLACK SEA RATTLE

by

ANNA AKHMATOVA

Август (отрывок)

А теперь! Ты, новое горе,
Душишь грудь мою, как удав...
И грохочет Черное море,
Изголовье мое разыскав.

1957

August (an excerpt)

And now, you are my new sorrow,
A snake, suffocating as in ages long ago...
Rattle of the Black Sea undertow
Slyly coiling on my hard pillow.

Он любил три вещи

Он любил три вещи на свете:
За вечерней пенье, белых павлинов
И стертые карты Америки.
Не любил, когда плачут дети,
Не любил чая с малиной
И женской истерики.
...А я была его женой.

1910

He loved three things

He loved three things in life:
White peacocks, evensong,
And old maps of America.
He hated hearing a child's strife,
Hated tea with raspberry,
And womanish hysteria.
...I was his wife.

Александру Блоку

Я пришла к поэту в гости.
Ровно полдень. Воскресенье.
Тихо в комнате просторной,
А за окнами мороз.

И малиновое солнце
Над лохматым сизым дымом...
Как хозяин молчаливый
Ясно смотрит на меня!

У него глаза такие,
Что запомнить каждый должен,
Мне же лучше, осторожной,
В них и вовсе не глядеть.

Но запомнится беседа,
Дымный полдень, воскресенье
В доме сером и высоком
У морских ворот Невы.

1914

To Alexander Blok

I went to see the poet
At exactly twelve noon, Sunday.
It was quiet in the wide room.
Outside, freezing cold.

A raspberry sun
Trailed tatters of blue smoke...
That sun, like my laconic host,
Cast a slant eye on me!

A host whose eyes
No one can forget;
Best be careful,
Don't look into them at all.

But I do recall how we talked
That Sunday noon, how we sat
Smoking in the tall grey house
By the mouth of the Neva.

Модильяни

В синеватом Парижа тумане,
И наверно опять Модильяни
Незаметно бродит за мной.
У него печальное свойство
Даже в сон мой вносить расстройство
И быть многих бедствий виной.

Но он мне—своей Египтянке...
Что играет старик на шарманке,
А под ней весь парижский гул,
Словно гул подземного моря,
Этот тоже довольно горя
И стыда, и лиха хлебнул.

Modigliani

With Modigliani following me
Through a blue Parisian fog
Looking like a dispirited and
Dispiriting shadow of himself,
I've been shaken even in my sleep
By a deep yearning remorse.

Yet for me—his Egyptian woman...
An old grinder's organ moans
A Paris music that intones underfoot
Like the groaning sea,
He'd imbibed in his shame,
Drunk his fill of grief and hard times.

In St. Petersburg's National Library there is an Akhmatova man-
uscript, "Poem Without A Hero." In its margins, Akhmatova
has written lines to Amedeo Modigliani. Akhmatova never did
include this poem among her works. It wss not published until
1980.

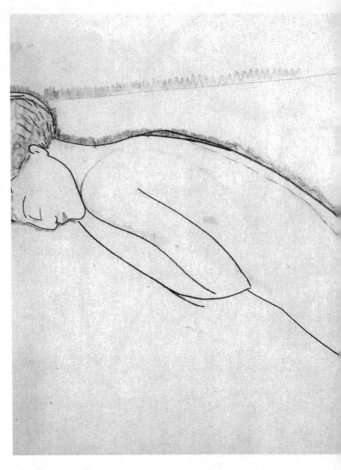

Anna Akhmatova encountered Amedeo Modigliani in Paris in 1910 while on honeymoon with her husband, Nikolai Gumilev. Coming back to Paris alone in 1911, she met up with Modigliani again, and posed for him.

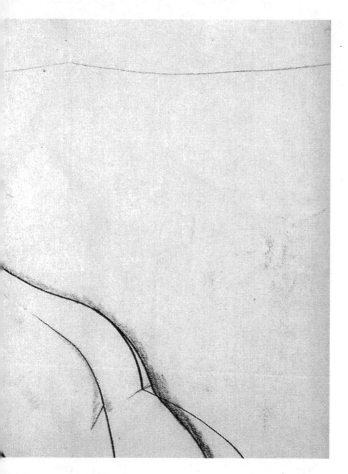

Modigliani called Akhmatova his "Egyptian woman." Of his "Egyptian drawings" he asked Akhmatova to frame and hang sixteen of them in her rooms in St. Petersburg.

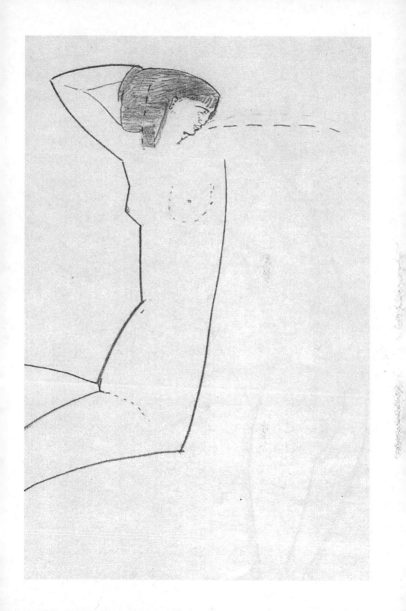

Муж хлестал меня

Муж хлестал меня узорчатым,
Вдвое сложенным ремнем.
Для тебя в окошке створчатом
Я всю ночь сижу с огнем.

Рассветает и над кузницей
Подымается дымок.
Ах, со мной, печальной узнице,
Ты опять побыть не мог.

Для тебя я долю хмурую,
Долю-муку приняла.
Или любишь белокурую,
Или рыжая мила?

Как мне скрыть вас, стоны звонкие!
В сердце темный, душный хмель,
А лучи ложатся тонкие
На несмятую постель.

1911

My husband whipped me

My husband whipped me with a belt,
Tooled leather, twisted-in-two.
I sat at a window waiting for you
All night, till daybreak. Above the smelter

Dank smoke curls on the rise.
I'm at my worst, love-sick, weepy-eyed.
You did not come to my room.
Why not? I am steeped in gloom.

Deep in the melancholy that I deserve
My besotted heart knows no reserve,
How do I control my jangled nerves?
Did you fall for a witless blonde,

Only to then abscond
With some redhead from the demimonde?
Sunlight dapples the clean sheets on the bed,
The empty pillow fluffed for my head.

Белый камень

Как белый камень в глубине колодца,
Лежит во мне одно воспоминанье.
Я не могу и не хочу бороться:
Оно—веселье и оно—страданье.

Мне кажется, что тот, кто близко взглянет
В мои глаза, его увидит сразу.
Печальней и задумчивее станет
Внимающего скорбному рассказу.

Я ведаю, что боги превращали
Людей в предметы, не убив сознанья,
Чтоб вечно жили дивные печали.
Ты превращен в мое воспоминанье.

1924

A white stone

An aching sadness has settled in me
Like a white stone at the bottom of a well.
A sweet sadness too bitter for words.
A bitter sadness too sweet for words.

If you look me straight in the eye
You'll know the weight of this stone,
And feel even more desultory
Than if you'd read some mournful story.

The gods changed men to a bestiary,
But held them battened to their hearts.
I've changed you to this reliquary
That contains the constant ache in my heart.

Вежецк

Там белые церкви и звонкий, светящийся лед,
Там милого сына цветут васильковые очи.
Над городом древним алмазные русские ночи
И серп поднебесный желтее, чем липовый мед.
Там строгая память, такая скупая теперь,
Свои терема мне открыла с глубоким поклоном:
Но я не вошла, я захлопнула страшную дверь...
И город был полон веселым рождественским звоном.

1921

Bezhetsk

It's the kind of town where the churches are white,
Where my son's eyes are cornflowers.
There are diamonds in the sky at night,
There's a sickle moon, a lime tree bower.
It's a town where even habit succumbs
To inhibition. Not for me. I want none
Of this town's eerie kind of boredom
Where I never hear my own songs sung.

Дорога

Чернеет дорога приморского сада,
Желты и свежи фонари.
Я очень спокойная. Только не надо.
Со мною о нем говорить.

Ты милый и верный, мы будем друзьями...
Гулять, целоваться, стареть...
И легкие месяцы будут над нами,
Как снежные звезды, лететь.

1915

A road

A darkening park-side road
Where lamps bleed yellow light.
Keep calm. Don't goad
Or speak ill of him tonight.

Embraced by time and tears,
We'll kiss, stroll about, and grow
Old as each year disappears
In a swirl of stars made of snow.

Как ты можешь смотрет…?

Как ты можешь смотреть на Неву,
Как ты смеешь всходить на мосты?
Я недаром печальной слыву
С той поры, как привиделся ты.
Черных ангелов крылья остры,
Скоро будет последний суд.
И малиновые костры,
Словно розы, в снегу растут.

1914

How can you bear to look...?

How can you bear to look at the Neva?
How can you bear to cross its bridges?
Your footstep is a feverish
Phantom in my heart.
Black angels strop their wings.
The scything dead are on the road
Where a curbside fire grows like a
Crimson rose in the driven snow.

Я улыбаться перестала

Я улыбаться перестала,
Морозный ветер губы студит,
Одной надеждой меньше стало,
Одною песней больше будет.

И эту песню я невольно
Отдам на смех и поруганье,
Затем что нестерпимо больно
Душе любовное молчанье.

1915

I cannot smile

I cannot smile, ice wind
Lips sealed with rime.
My only hope has disappeared,
Foretelling this song of mine.

Which I now give to you
To ridicule, to profane,
Your silence in the face
Of my love is unbearable.

Белая ночь

Небо бело страшной белизною,
А земля как уголь и гранит.
Под иссохшей этою луною
Ничего уже не заблестит.

Женский голос, хриплый и задорный,
Не поет—кричит, кричит.
Надо мною близко тополь черный
Ни одним листком не шелестит.

Для того ль тебя я целовала,
Для того ли мучалась, любя,
Чтоб теперь спокойно и устало
С отвращеньем вспоминать тебя?

1914

A white night

A sky bled white, a white night.
Earth of anthracite and granite.
A pale, pale moonlight,
Nothing illumines the infinite.

A woman, caustic, and coarse,
Does not croon, she croaks.
In the high branches of a black oak
Not one leaf stirring. No remorse.

Is this why I yearned to kiss you?
Driven half-crazy by loving?
To calmly remember you
With such weary loathing?

Как много камней

Так много камней брошено в меня,
Что ни один из них уже не страшен,
И стройной башней стала западня,
Высокою среди высоких башен.
Строителей ее благодарю,
Пусть их забота и печаль минует.
Отсюда раньше вижу я зарю,
Здесь солнца луч последний торжествует.
И часто в окна комнаты моей
Влетают ветры северных морей,
И голубь ест из рук моих пшеницу…
А не дописанную мной страницу—
Божественно спокойна и легка,
Допишет Музы смуглая рука.

1914

So many stones

I've been struck by so many stones,
Stones no longer scare me.
Bruised but built into a bastion
Among tall towers; because of those
Builders there is thankfully no
Need to worry about me.
Now I can watch the sun
Emerge in the morning
And the sun go down at dusk
And doves eat wheat from my hand.
Offshore winds bang at my windowpane.
Words are made straight & Holy again
By the Muse who instills
In me a calm against the chill.

Под крышей

Под крышей промерзшей пустого жилья,
Я мертвенных дней не считаю,
Читаю посланья Апостолов я,
Слова Псалмопевца читаю.

Но звезды синеют, но иней пушист,
И каждая встреча чудесней—
А в Библии красный кленовый лист
Заложен на Песни Песней.

1915

Under the roof

Nothing stirs under the roof
Of my house. A stillness of hours.
I read the Acts of the Apostles
And Psalms of praise.

We meet, it's wonderful, blue
Stars shine through the ice—
A red maple leaf marks my Bible
At Solomon's Song of Songs.

Бессмертник

Бессмертник сух и розов. Облака
На свежем небе вылеплены грубо.
Единственного в этом парке дуба
Листва еще бесцветна и тонка.

Лучи зари до полночи горят.
Как хорошо в моем затворе тесном!
О самом нежном, о всегда чудесном
Со мной сегодня птицы говорят.

Я счастлива. Но мне всего милей
Лесная и пологая дорога,
Убогий мост, скривившийся немного,
И то, что ждать осталось мало дней.

1916

An immortelle

An immortelle is bone dry.
Broken clouds, a chill sky.
In the park the maple
Leaves curl and crimple.

Daybreak dawns at midnight.
I'm cocooned in my cell!
Birds talk to me in mid-flight
Of how lovers elsewhere excel.

I am happy here. Yes. But I dreamt
Of a wild wood, a weed-grown crescent,
An old bridge, humpbacked and rent,
And of freedom, mine, immanent.

Вечером

Звенела музыка в саду
Таким невыразимым горем.
Свежо и остро пахли морем
На блюде устрицы во льду.

Он мне сказал: «Я верный друг!»
И моего коснулся платья.
Как не похожи на объятья
Прикосновенья этих рук.

Так гладят кошек или птиц,
Так на наездниц смотрят стройных.
Лишь смех в глазах его спокойных
Под легким золотом ресниц.

А скорбных скрипок голоса
Поют за стелющимся дымом:
«Благослови же небеса—
Ты первый раз одна с любимым».

1912

In the evening

A dour music in the garden,
A grief beyond artifice,
A plate of oysters on ice,
Succulence of the ocean.

"I'll be true to you!"
He touches my dress,
More like the idle petting
Of a cat or a bird

Or watching a girl ride sidesaddle
Than an intended caress.
Amber lashes hide
The knowing laughter in his eyes.

A lamentation of violins
As smoke curls in
On the garden wind: "Heavens above;
You're alone with the man you love."

Муза

Когда я ночью жду ее прихода,
Жизнь, кажется, висит на волоске.
Что почести, что юность, что свобода
Пред милой гостьей с дудочкой в руке.

И вот вошла. Откинув покрывало,
Внимательно взглянула на меня.
Ей говорю: "Ты ль Данту диктовала
Страницы Ада?" Отвечает: "Я."

1924

The muse

My life, it seems, hangs by a thread,
As I await her coming, I am mute.
And neither honours, youth, nor holy bread
Are centre stage when she plays the flute.

And now she is here. Lifting her veil,
She holds me with her glittering eye.
I ask: "Did you dictate that hellfire tale
To Dante?" "Yes, I did"—she replies.

Лотова жена

И праведник шел за посланником Бога,
Огромный и светлый, по черной горе.
Но громко жене говорила тревога:
Не поздно, ты можешь еще посмотреть

На красные башни родного Содома,
На площадь, где пела, на двор, где пряла,
На окна пустые высокого дома,
Где милому мужу детей родила.

Взглянула—и, скованы смертною болью,
Глаза ее больше смотреть не могли;
И сделалось тело прозрачною солью,
И быстрые ноги к земле приросли.

Кто женщину эту оплакивать будет?
Не меньшей ли мнится она из утрат?
Лишь сердце мое никогда не забудет
Отдавшую жизнь за единственный взгляд.

1924

Lot's wife

A man of God, he followed in the afterglow
Of an angel's footsteps across a black hill.
An anxious need nettled at his wife;
"It's never too late to look back on

The red towers of your birthplace, Sodom,
The square in which you sang, the spinning shed,
The window in the upper room, the bed
In which you birthed your children."

She stole an almost inadvertent look
And, unsuspecting, was struck stone blind;
Her body turned to translucent salt,
Her feet were rooted in desert grit.

No one mourns a single death by firestorm!
What does such a dying woman signify?
She simply wanted to whisper goodbye.
For that alone, that last look, she had to die.

Cinque

Как у облака на краю,
Вспоминаю я речь твою,
А тебе от речи моей
Стали ночи светлее дней.

Так отторгнутые от земли,
Высоко мы, как звезды, шли.
Ни отчаянья, ни стыда
Ни теперь, ни потом, ни тогда,

Но живого и наяву,
Слышишь ты, как тебя зову.
И ту дверь, что ты приоткрыл,
Мне захлопнуть не хватит сил.

1945

Cinque

Autant que toi sans doute il te sera fidèle
Et constant jusques à la mort.

—*Baudelaire*

On the rim of a cloud
I gave, you gave
Our word out loud.
Night dazzled day.

Torn from the earth
We rose up like stars.
No despair, no shame,
All of time was ours.

Now, hour by hour,
You hear how I call.
Your door left aslant
That I cannot slam.

КАВКАЗ

Здесь Пушкина изгнанье началось,
И Лермонтова кончилось изгнанье.
Здесь горных трав легко благоуханье,
И только раз мне видеть удалось
У озера, в густой тени чинары,
В тот предвечерний и жестокий час—
Сияние неутоленных глаз
Бессмертного любовника Тамары.

1924

Caucasus

And Pushkin's exile had begun here,
And Lermontov's expulsion ended here.
Amidst the easeful scent of highland grass.
And only once did I happen to pass
By the lake, where plane trees shadow
Each star-crossed hour in the shank of the evening—
A dazzling light in the lustful eyes
Of Tamara's undying lover.

Реквием (отрывок)

1.

Нет, и не под чуждым небосводом,
И не под защитой чуждых крыл,—
Я была тогда с моим народом,
Там, где мой народ, к несчастью, был.

1961

В страшные годы ежовщины я провела
семнадцать месяцев в тюремных очередях в
Ленинграде. Как-то раз кто-то "опознал" меня.
Тогда стоящая за мной женщина, которая,
конечно, никогда не слыхала моего имени,
очнулась от свойственного нам всем оцепенения
и спросила меня на ухо (там все говорили
шепотом): «А это вы можете описать?»

И я сказала: «Могу.»

Тогда что-то вроде улыбки скользнуло по
тому, что некогда было ее лицом.

1957

Requiem (three excerpts)

1.

I never sought asylum among aliens
Never cowled myself in a crow's wings.
I stood as my people stood, alone—
In my marrowbones, their sorrow.

During the terrible time of Yezhov's years in office
I spent seventeen months standing in line outside
one of the Leningrad prisons. One day someone
"identified" me. Then a woman blue with cold
standing behind me, who of course had never
heard my name, roused herself from that stupor
common to us all, and whispered in my ear (we
always spoke in whispers): "Can you describe this?"
I said, "Yes, I can."
The semblance of a smile flitted across what
had been her face.

2.

Вступление

Это было, когда улыбался
Только мертвый, спокойствию рад.
И ненужным привеском качался
Возле тюрем своих Ленинград.
И когда, обезумев от муки,
Шли уже осужденных полки,
И короткую песню разлуки
Паровозные пели гудки.
Звезды смерти стояли над нами,
И безвинная корчилась Русь
Под кровавыми сапогами
И под шинами черных марусь.

1935

2.

Prologue

During those days only the dead
Dared to laugh up their sleeves.
A prison was there, Leningrad dangling
Like a broken wing, belonged to the prison.
Convict work gangs heard the mournful
Whistle of locomotives blow
Through the railway shunting yards.
Cold stars lay down with the owls.
The innocent lay down in the darkness
Of blood-stained boots.
Black Marias were on the prowl.

3.

Распятие

> "Не рыдай Мене, Мати,
> во гробе зрящи"

I

Хор ангелов великий час восславил,
И небеса расплавились в огне.
Отцу сказал: "Почто Меня оставил?"
А Матери: ""О, не рыдай Мене..."

II

Магдалина билась и рыдала,
Ученик любимый каменел,
А туда, где молча Мать стояла,
Так никто взглянуть и не посмел.

1940

3.

Crucifixion

> "Weep not for Me, Mother.
> I am alive in my grave."

I

Angels in their grief are moaning.
Heaven is on fire and melting.
Unto the Father: "Why hast Thou forsaken...?"
And to the Mother: "Weep no more."

II

Magdalena writhed, Magdalena wept, Lord.
The Belov'd disciple, in his petrified grief, atoned, Lord.
No one dared look, a silence was kept, Lord,
There, where the Mother stood alone, O Lord.

Наталье Рыковой

Всё расхищено, предано, продано,
Черной смерти мелькало крыло,
Все голодной тоскою изглодано,
Отчего же нам стало светло?

Днем дыханьями веет вишневыми
Небывалый под городом лес,
Ночью блещет созвездьями новыми
Глубь прозрачных июльских небес,—

И так близко подходит чудесное
К развалившимся грязным домам...
Никому, никому неизвестное,
Но от века желанное нам.

1921

for Natalia Rikova

Mere skin and bones, we were tied,
Beaten, left to die in the brutal cold.
Death's black wings capsized the sky.
Why this lightness of being in my soul?

Sun-burnt scent of cherry blossoms
From the woodland outside of town.
New summer stars flare on a July
Night at the deepest end of the sky—

Something miraculous will soon be sown
In this ramshackle neighbourhood...
Something none of us has ever known,
Something dreamed of since childhood.

Мост

Почернел, искривился бревенчатый мост,
И стоят лопухи в человеческий рост,
И крапивы дремучей поют леса,
Что по ним не пройдет, не блеснет коса.
Вечерами над озером слышен вздох,
И по стенам расползся корявый мох.

1917

The bridge

An old bridge built of crooked black logs,
Burdocks stand shoulder-high by the bog,
Nettles thick on the forest floor are singing
That here sickle and scythe shall do no reaping.
Across the lake someone sighs as evening falls
And lichen and moss creep along the walls.

Хуже

Чем хуже этот век предшествующих? Разве
Тем, что в чаду печали и тревог
Он к самой черной прикоснулся язве,
Но исцелить ее не мог.

Еще на западе земное солнце светит
И кровли городов в его лучах блестят,
А здесь уж белая дома крестами метит
И кличет воронов, и вороны летят.

1919

Worse

Are we worse than they were in their years?
Writhing with anxiety, and in tears,
Hands laid on a wound so congealed,
So black, it cannot be healed.

Why such sun showers in the West?
Such a play of light across city roofs?
A scythe scores our doors with a cross
Calling for crows. And they are flying.

Потускнел на небе

Потускнел на небе синий лак,
И слышнее песня окарины.
Это только дудочка из глины,
Не на что ей жаловаться так.
Кто ей рассказал мои грехи,
И зачем она меня прощает?
Или этот голос повторяет
Мне твои последние стихи?

1912

A falling light

A falling light, azure blue,
Tuned to an ocarina's song,
Pipes bonded by olde glue,
Piping my holy sins, wrong-
Full deeds of mine told
Out of compassion, not to scold.
Piping a twilight-stained mystery,
That has the tincture of my poetry.

Так бепомощно грудь холодела

Так беспомощно грудь холодела,
Но шаги мои были легки.
Я на правую руку надела
Перчатку с левой руки.

1911
(из поэмы «Песня последней встречи»)

A chill

A chill on my helpless heart
Yet I am walking on air.
And I wear my left glove
On my right hand.

(from "The last date's song")

СТИХИ

POEMS

by

ANDREI VOZNESENSKY

Гойя

Я—Гойя!

Глазницы воронок мне выклевал ворон,
слетая на поле нагое.

Я—Горе.

Я—голос
Войны, городов головни
на снегу сорок первого года.

Я—Голод.

Я—горло
Повешенной бабы, чье тело, как колокол,
било над площадью голой...

Я—Гойя!

О, грозди
Возмездья! Взвил залпом на Запад—
я пепел незваного гостя!
И в мемориальное небо вбил крепкие звезды-
Как гвозди.

Я—Гойя.

1959

Goya

Call me Goya!

Shock troops made shell-holes
of my eyes, a stricken field.

Call me grief.

Call me the glowing char
of starved towns burned out
and buried in the snows of 41.

Call me gore.

Call me the gullet
of a garotted woman's body tolling
above the bald square.

Call me Goya!

Grapes
of wrath, enemy ashes strewn
through the indelible
sky, stars ringing like hammered
nails, O...

Call me Goya!

Collages by Andrei Voznesensky

Первый лёд

Мерзнет девочка в автомате,
Прячет в зябкое пальтецо
Все в слезах и губной помаде
Перемазанное лицо.

Дышит в худенькие ладошки.
Пальцы—льдышки. В ушах—сережки.
Ей обратно одной, одной
Вдоль по улочке ледяной.

Первый лед. Это в первый раз.
Первый лед телефонных фраз.
Мерзлый след на щеках блестит—
Первый лед от людских обид.

1959

First ice

In a phone booth, chilled to the bone,
she pulls her flimsy coat close,
crooked lipstick, eyes
puffy from crying.

First ice, telephone talk.
First ice, a cold shoulder.
She blows into her balled fist.
Earrings—jet glass. Fingers—blue.

Slouching home alone, alone
along the icy street.
Frozen tears sting her cheeks—
First winter of the heart.

Пожар в Архитектурном институте

Пожар в Архитектурном!
По залам, чертежам,
амнистией по тюрьмам—
пожар, пожар!

По сонному фасаду
бесстыже, озорно,
гориллой краснозадой
взвивается окно!

А мы уже дипломники,
нам защищать пора.
Трещат в шкафу под пломбами
мои выговора!

Ватман—как подраненный,
красный листопад.
Горят мои подрамники,
города горят.

The fire in the Architectural Institute

Fire in the cradle of Architecture!
Classrooms and blueprints up in flames,
Call for an amnesty in construction—
Fire! Fire!

Gargoyle mouths agape,
Tongues of fire,
As a baboon flaunts its red ass,
Each flame struts its sass!

With our dissertations done
It's time that we defend them.
The crackle under lock and key of my lousy
Marks going up in flames!

My diploma! Whatman
Wove is burning on a drafting table.
Flash fires of red leaves in the fall,
Whole cities burning burning.

Бутылью керосиновой
взвилось пять лет и зим...
Кариночка Красильникова,
ой! горим!

Прощай, архитектура!
Пылайте широко,
коровники в амурах,
райклубы в рококо!

О юность, феникс, дурочка,
весь в пламени диплом!
Ты машешь красной юбочкой
и дразнишь язычком.

Жизнь—смена пепелищ.
Мы все перегораем.
Живешь—горишь.

А завтра, в палец чиркнувши,
иголочка от циркуля
из горсточки золы...

Five years of study shot to Hell!
Bottled linseed oil blown up...
Hey, sweet Karinochka!
Oi!—fire feeds fire!

Goodbye to Architecture!
So long cupids on cowsheds,
Youth clubs crisped to a cinder,
That baroque come rococo crap!

I was a green kid, my diploma's
A phoenix taking flight!
Hiking its mini red skirt!
Its hot little tongue a tease!

Life is only new places long gone.
Fire in the heart is fire
In the world, ashes to ashes.

But tomorrow—a needle pointing
True north will come out
Of the ashes like a stinger bee
Bringing a new dream...

...Все выгорело начисто.
Милиции полно.
Все—кончено!
Все—начато!
Айда в кино!

1959

...Whoopee! Burned out.
The cops are still around.
Fire's—the name!
Ashes—the game!
Let's go to a movie!

Andrei Voznesensky at the Ditch in 1986

РОВ (отрывки)

ДУХОВНЫЙ ПРОЦЕСС

7 апреля 1986 года мы с приятелями ехали от Симферополя по Феодосийскому шоссе. Часы на щитке таксиста показывали 10 утра. Сам таксист Василий Федорович Лесных, лет этак шестидесяти, обветренно румяный, грузный, с синими, выцветшими от виденного глазами, вновь и вновь повторял свою тягостную повесть. Здесь, под городом, на 10-м километре, во время войны было расстреляно 12 тысяч мирных жителей.

«Ну мы, пацаны, мне лет десять тогда было, бегали смотреть, как расстреливали. Привозили их в крытых машинах. Раздевали до исподнего. От шоссе шел противотанковый ров. Так вот, надо рвом их и били из пулемета. Кричали они все страшно—над степью стон стоял. Был декабрь. Все снимали галоши. Несколько тыщ галош лежало. Мимо по шоссе ехали телеги. Солдаты не стеснялись. Солдаты все пьяные были. Заметив нас, дали по нам очередь. Да, еще вспомнил—столик стоял, где паспорта отбирали. Вся степь была усеяна паспортами. Многих закапывали полуживыми. Земля дышала.

Потом мы нашли в степи коробочку из-под гуталина. Тяжелая. В ней золотая цепочка была и две монеты. Значит, все сбережения семьи. Люди с собой несли самое ценное. Потом я слышал, кто вскрывал это захоронение, золотишко откапывал. В прошлом году их

The Ditch (excerpts)

A spiritual proceeding

On April 7, the year 1986, I went with some friends from
Simferopol along the Feodosisa highway. Ten in the
morning on the taxi driver's dashboard clock. The driver,
Vasilly Fedorovich Lesnikh, nearly sixty years old, with
faded blue eyes (he'd seen too much), told and retold his
painful tale. Here, about 10 kilometers outside the city,
some twelve thousand peaceful citizens were shot during
the war.

    "So me and the boys, I was ten then, took off to
watch the shooting. They drove them up in covered
trucks. Stripped to their underwear. An anti-tank ditch
angled off the highway. So, they machine-gunned them
standing over the ditch. They all screamed like mad—a
groan settled over the steppe. It was December. They'd all
taken off their galoshes. Thousands of galoshes lying
there. Wagons went by on the highway. None of the
soldiers were ashamed. The soldiers were dead drunk.
Seeing us, they squeezed off a round. Sure, it's all still
clear—a small table stood where they took their passports
from them. The whole steppe was littered with passports.
They buried a lot of people half-alive. The earth breathed.

    "Then, we found a little boot-black box on the
steppe. Heavy. A gold chain and two coins in it. In other
words, a family's life savings. People took their valuables
with them. I heard later that someone opened the burial

99

судили. Ну об этом уже вы в курсе»…

Я не только знал, но и написал поэму под названием «Алчь» об этом. Подспудно шло другое название: «Ров». Я расспрашивал свидетелей. Оказавшиеся знакомые показывали мне архивные документы. Поэма окончилась, но все не шла из ума. Снова и снова тянуло на место гибели. Хотя что там увидишь? Лишь заросшие километры степи.

«…У меня сосед есть, Валя Переходник. Он, может, один из всех и спасся. Его мать по пути из машины вытолкнула».

Вылезаем. Василий Федорович заметно волнуется.

Убогий, когда-то оштукатуренный столп с надписью о жертвах оккупантов осел, весь в трещинах, говорит скорее о забвении, чем о памяти.

«Запечатлимся?» Приятель расстегнул фотоаппарат. Мимо по шоссе несся поток «МАЗов» и «Жигулей». К горизонту шли изумрудные всходы пшеницы. Слева на взгорье идиллически ютилось крохотное сельское кладбище. Ров давно был выровнен и зеленел, но угадывались его очертания, шедшие поперек от шоссе километра на полтора. Белели застенчивые ветки зацветшего терновника. Чернели редкие деревца акаций. Мы, разомлев от солнца, медленно брели от шоссе.

И вдруг—что это! На пути среди зеленого поля чернеет квадрат свежевырытого колодца; земля сыра еще. За ним—другой. Вокруг груды закопанных костей, истлевшая одежда. Черные, как задымленные, черепа. «Опять роют, сволочи!»—Василий Федорович осел весь. Это было не в кинохронике, не в рассказах

ground, they were digging up the gold. Next year they were put on trial. But you know all that already.

I not only knew, I'd written a poem about it I'd called Snatch. It had a secret title: The Ditch. I questioned witnesses. They got friendly and showed me archival documents. The poem ended, but it lingered in my mind. Time and again I felt drawn to the death site. Though what's to see there? Just kilometers of overgrown steppe.

"...I have a neighbor, Vasilly Perekhodnik. It could be he's the only one who was actually saved. His mother shoved him off the moving truck."

We get out. Vasilly Fedorovich is visibly upset.

The miserable marker, a plastered pillar inscribed with something about victims of the invaders, has sunk, full of cracks; it says more about oblivion than remembrance.

"Do we want to get this?" My friend unhooked his camera. A stream of "MAZ" and "Zhiguli" [1] speed down the highway. Emerald fields of young wheat reach to the horizon. To the left, a tiny country cemetery nestled idyllically on a hill. The ditch had long since been levelled green, you only guessed at its outlines cutting for a kilometer or more across the highway.

And suddenly—what do we see? On the path, there in the green fields, a black square, a freshly dug pit; the earth still damp. Beyond it, another. Heaps of grime-covered bones all around and rotted clothing. Skulls so

---

[1] MAZ means (a car from) the Minsk Automobile plant—MAZ and Zhiguli are Soviet cars.

свидетелей, не в кошмарном сне—а здесь, рядом. Вот только что откопано. Череп, за ним другой. Два крохотных, детских. А вот расколотый на черепки взрослый. «Это они коронки золотые плоскогубцами выдирают».

Сморщенный женский сапожок. Боже мой, волосы, скальп, детские рыжие волосы с заплетенной косичкой! Как их туго заплетали, верно, на что-то еще надеясь, утром перед расстрелом!..

Какие сволочи! Это не литературный прием, не вымышленные герои, не страницы уголовной хроники, это мы, рядом с несущимся шоссе, стоим перед грудой человеческих черепов. Это не злодеи древности сделали, а нынешние люди. Кошмар какой-то.

Сволочи копали этой ночью. Рядом валяется обломленная сигаретка с фильтром. Не отсырела даже. Около нее медная прозеленевшая гильза. «Немецкая»,— говорит Василий Федорович. Кто-то ее поднимает, но сразу бросает, подумав об опасности инфекции.

Черепа лежали грудой, эти загадки мирозданья— коричнево-темные от долгих подземных лет—словно огромные грибы-дымовики. Глубина профессионально вырытых шахт—около двух человеческих ростов, у одной внизу отходит штрек. На дне второй лежит припрятанная, присыпанная совковая лопата—значит, сегодня придут докапывать!

В ужасе глядим друг на друга, все не веря, как в страшном сне это.

До чего должен дойти человек, как развращено должно быть сознание, чтобы копаться в скелетах, рядом с живой дорогой, чтобы крошить череп и

black they seemed covered in soot. "The scum are digging again." Vasilly Fedorovich said it all.

This was no newsreel, no testimony from witnesses, no nightmare—but right here, close by. All just dug up. A skull, and another behind it. Two tiny ones, children's, and there, split open on the small skull, an adult's. "That's how they pull out the gold crowns with pliers."

A woman's wrinkled boot. My God, hair, a scalp, a child's braided red hair. Tightly braided, with care, still hoping for something after the shooting—the morning.

What scum! This is no literary device, no fictional hero, no page from a criminal chronicle; it's us, beside a high speed highway, standing in front of a stack of human skulls. These aren't criminals who have done this, but our own people, today. A nightmare!

The scum had been digging that night. A broken filter-tip lay close by. Still dry, near a copper shell long since gone green. "German," Vasilly Fedorovich said. It gets picked up, but quickly thrown away: fear of infection.

Skulls lay in a heap, riddles of the universe—a burnt sienna after long years underground—enormous smoked mushrooms. The skillfully dug pits were about the depth of two men. A tunnel had been dug at the bottom of one pit. On the second day, another hidden spade lay there— did that mean they'd be back today to finish digging!

Facing each other in horror, we couldn't believe what a dreadful dream this actually was.

The lengths man has gone to, the depraved consciousness, rooting around in skeletons, beside a living road, crushing skulls by the light of headlights. All hardly

клещами выдирать коронки при свете фар. Причем даже почти не скрываясь, оставив все следы на виду, демонстративно как-то, с вызовом. А люди, спокойно мчавшиеся по шоссе, наверное, подшучивали: «Кто-то опять там золотишко роет?» Да все с ума посходили, что ли!

Рядом с нами воткнут на колышке жестяной плакат: «Копать запрещается—кабель». Кабель нельзя, а людей можно? Значит, даже судебный процесс не приостановил сознания этой сволочи, и, как потом мне рассказывали, на процессе говорили лишь о преступниках, не о судьбе самих погребенных. А куда глядит эпидстанция? Из этих колодцев может полезть любая зараза, эпидемия может сгубить край. По степи дети бегают. А эпидемия духовная?

Не могилы они обворовывают, не в жалких золотых граммах презренного металла дело, а души они обворовывают, души погребенных, свои, ваши!

Милиция носится по шоссе за водителями и рублишками, а сюда и не заглянет. Хоть бы пост поставили. Один на 12 тысяч. Память людей священна. Почему не подумать не только о юридической, но и о духовной защите захоронения? Кликните клич, и лучшие скульпторы поставят стелу или мраморную стенку. Чтобы людей священный трепет пробрал.

12 тысяч достойны этого. Мы, четверо, стоим на десятом километре. Нам стыдно, невпопад говорим— что, что делать? Может. газон на месте разбить, плитой перекрыть и бордюр поставить? Да и об именах не мешало бы вспомнить. Не знаем что—но что-то надо сделать, и немедленно.

hidden, the tracks all clear, somehow a deliberate display, a challenge. But people tootling along the highway would probably shrug it off as a caper; "Have they come up with gold again?" and what's more, they're all off their rockers, eh?

A posted tin sign nearby: "No Digging—Cable." So, cable is out, but people are okay? Even legal proceedings can't control the conscience of these scum, and, as they told me then, at the trials they only talked about criminals, not about the buried. What does an epidemic station try to control? Any kind of infectious disease might creep up out of those pits, an epidemic could ruin the area. Children scamper across the steppe. But a spiritual epidemic?

They're not robbing graves, a few miserable grams of base golden metal aren't the issue, they are robbing souls, buried souls, their own, yours!

The police are taken up with motorists and the motorways and rubles, and never look over here. If only there were a guard. At least one, for the twelve thousand. Remembrance is sacred. Why not give it serious consideration, not just the judicial, but the spiritual defense of a burial site? Put out a call, the best sculptors will put up a plaque or a marble wall. So a holy tremor shall scold people.

Twelve thousand are worth that. The four of us stand at the tenth kilometer. Ashamed, we can't speak to the point—what, what's to be done? Maybe lay out a lawn in the place, blanket it with gravestones, build a border? Besides, remembering their names wouldn't be such a bad

Так я вновь столкнулся с ожившим прошлогодним делом № 1586. Ты куда ведешь, ров?

thing. We don't know what to do—but something must be done, and soon.

So, I stumbled again over last year's reopened Case No. 1586. Ditch, where are you taking me?

ВСТУПЛЕНИЕ

Обращаюсь к читательским черепам:

неужели наш разум себя исчерпал?
Мы над степью стоим.
По шоссе пылит Крым.
Вздрогнул череп под скальпом моим.

Рядом—черный,
как гриб-дымовик, закопчен.
Он усмешку собрал в кулачок.

Я почувствовал
некую тайную связь—
будто я в разговор подключен—
что тянулась от нас
к аппаратам без глаз,
как беспроволочный телефон.

—…Марья Львовна, алло!
—Мама, нас занесло…

Introduction

Stick this word in the reader's skull:

Have we lost our minds
Standing on the steppe.
The dusty Crimea down the highway.
Bone shuddered beneath my scalp.

Close by—a black skull,
a smoked mushroom, smoored in soot.
A grin gathers into a fist.

I felt
a secret sharing
as if caught in conversation—
an elastic link to
eyeless sockets,
a wireless telephone.

—...Marya Lvovna, hello!
—Mama, we just blew in...

—Снова бури, помехи космич

—Отлегло, Александр?—Плохо, Федор Кузьмич…

—Прямо хичкоковский кич…

Черепа. Тамерлан. Не вскрывайте гробниц.

Разразится оттуда война.

Не порежьте лопатой

духовных грибниц!

Повылазит страшней, чем чума.

Симферопольский не прекратился процесс.

Какой, к черту, поэт ты, «народа глас»?

Что разинул свой каравай?

На глазах у двенадцати тысяч пар глаз

сделай что-нибудь, а не болтай!

Не спасет старшина.

Посмотри, страна—

сыну мать кричит из траншей.

Окружающая среда страшна,

экология духа—страшней.

—More storms, cosmic interfer...
—Better, Alexander?—Not so well, Feodor Kuzmich...
—Direct...

Skulls. Tamerlane. Lock up the tombs!
War will break out.
Don't split open
Mushroom spawn with your spade!
What's worse than plague will slither out.

The Simferopol trial isn't over...

What the hell kind of poet are you, "voice of the people"?
Blathering on about somebody else's bread?
Scrutinized by twelve thousand sets of eyes,
Don't just jabber, do something.
No wiseacre can save you.
Look, my country—
Down in the ditch a mother weeps for her son.
The surroundings suppurate,
Soul's dreadful ecology.

Я куда бы ни шел,
что бы я ни читал—
все иду в симферопольский ров.
И, чернея, плывут черепа, черепа,
как затмение белых умов.

И когда я выйду на Лужники,
то теперь уже каждый раз
я увижу требующие зрачки
двенадцати тысяч пар глаз.

Wherever I go,
Whatever I read—
I'm ankle-deep in the Simferopol ditch.
And floating skulls blackened skulls—
white minds eclipsed.

And when I turned toward Luzhniki[1]
time in time out
I saw twelve thousand sets of eyes,
imploring pupils.

---

[1] Luzhniki is the main Moscow stadium.

РОВ

—Задержите лопату!
—Мы были людьми.
—На, возьми! Я пронес бриллиант.
—Ты, папаша, не надо костями трясти.
Сдай заначку и снова приляг.

Хорошо людям первыми
радость открыть.
Не дай бог первым вам увидать
эту свежую яму,
где череп открыт.
Валя! Это была твоя мать.

Это быль, это быль,
это быль, это быль,
золотая и костная пыль.
Со скелета браслетку снимал нетопырь,
а другой, за рулем, торопил.

The ditch

—Quit digging!
—We were people.
—OK, take it! I got a diamond through this far.
—Daddy, you don't need your bones rattled.
Come out, come out and lie down again.

Being the first person
to find joy is great.
God forbid you're the first to see
that fresh pit
where the skull showed up.
Valya! This was your mother.

This was, that was,
this was, that was,
amber and bony dust.
A bat nipped a skeleton's bracelet,
And another, at the helm, sped on.

Это даль, это даль,

запредельная даль.

Череп. Ночь. И цветущий миндаль.

Инфернальный погромщик

спокойно нажал

после заступа на педаль.

Бил лопаты металл.

Кто в свой череп попал?

Но его в темноте не узнал.

Тощий, как кочерга,

Гамлет брал черепа

и коронок выдергивал ряд.

Человек отличается от червя.

Черви золото не едят.

Ты куда ведешь, ров?

Ни цветов, ни сирот.

Это кладбище душ—геноцид.

Степью смерч несется из паспортов.

И никто не принес гиацинт.

It's far, far,
further than farthest far.
Skull. Night. And a flowering almond tree.
An infernal pogromist
quietly put his foot to the pedal
after the spade.
Metal struck shovels.
Hitting whose skull?
Who could tell in the dark?

Skeletal Hamlet
Picked up a skull
And pried out a row of crowns.
Man is no worm:
Worms don't eat gold.

Where are you taking me, ditch?
Not to flowers, not to orphans.
It's a cemetery of souls—genocide.
A tornado of passports twists across the steppe.
And no one brought hyacinth.

ДЕЛО

Ты куда ведешь, ров?

Убивали их в декабре 1941 года.
Симферопольская акция—одна из запланированных
и проведенных рейхом. Ты куд ведешь, ров, куда?

В дело № 1586.

«…систематически похищали ювелирные
изделия из захоронения на 10-м километре. В ночь на
21 июня 1984 года, пренебрегая нормами морали, из
указанной могилы похитили золотой корпус
карманных часов весом 35,02 гр. из расчета 27
рублей 30 коп. за гр., золотой браслет 30 гр.
стоимость 810 руб.—всего на 3325 руб. 68 коп. …13
июля похитили золотые коронки и мосты общей
стоимостью 21925 руб., золотое кольцо 900-й пробы
с бриллиантом стоимостью 314 руб. 14 коп., четыре
цепочки на сумму 1360 руб., золотой дукат
иностранной чеканки стоимостью 609 руб. 65 коп., 89
монет царской чеканки стоимостью 400 руб.
каждая»… (т.2 л. д. 65-70).

Кто был в деле? Врач московского института АН,
водитель «Межколхозстроя», рабочий, подсобный
рабочий, работник кинотеатра. Русские,
азербайджанец, украинец, армянин. Возраст 28-50
лет. Отвечали суду, поблескивая золотыми
коронками. Двое имели полный рот «красного
золота». Сроки они получили небольшие, пострадали

The case

Where are you taking me, ditch?

They killed them in December 1941. The Simferopol Action—the kind the Reich planned and carried out. Where are you off to, ditch, where?

To Case No. 1586.

"...systematically purloined articles of jewellery from the burial place at the 10th kilometer. On the night of June 21, 1984, disregarding moral norms, they did purloin from the aforesaid grave a gold pocket watch-case weighing 35.02 grams calculated at 27 rubles 30 kopecks per gram, a gold bracelet of 30 grams worth 810 rubles—the whole valued at 3325 rubles 68 kopecks...on June 13 they stole gold crowns and bridges, to a total value of 21,925 rubles, a gold ring of 900 carats with a diamond worth 314 rubles 14 kopecks, four chains to the sum of 1360 rubles, a gold ducat of foreign coinage worth 609 rub. 65 kop., 89 coins of the Tsar's coinage worth 400 rub. Each (vol. 2, pages 65-70)."

Who stood trial? An institute doctor from Moscow—the Academy of Sciences—an "Interkolhoz" driver, a worker, an auxiliary worker, a movie theatre attendant. Russians, an Azerbaijanian, a Ukrainian, an Armenian. Ages 28-50. They confronted the court, gold crowns gleaming. Two with mouths full of "red gold." They got short sentences —the fences were hit harder. It checked out that they made a minimum of 68 thousand rubles. One was asked:

больше те, кто перепродавал. Подтверждено, что получили они как минимум 68 тысяч рублей дохода. Одного спросили: Как вы себя чувствовали, роя?» Ответил: «А как бы вы чувствовали себя, вынимая золотой мост, поврежденный пулей? Или вытащив детский ботиночек с остатком кости?» Они с трудом добились, чтобы скупка приняла этот бракованный товар.

Вопроса «преступить—не преступить» у них не было. Не найти в них и инфернального шика шалостей Геллы и Бегемота. Все было четко. Работенка доставалась тяжелая, ибо в основном лежали люди небогатые, так что промышляли больше коронками и бюгелями. Бранились, что металл скверной пробы. Ворчали, что тела сброшены беспорядочной грудой, трудно работать. Один работал в яме—двое вверху принимали и разбивали черепа, вырывали плоскогубцами зубы,—«очищали от грязи и остатков зубов», возили сдавать в симферопольскую скупку «Коралл» и севастопольскую «Янтарь», скучно торгуясь с оценщицей Гайда, конечно, смекнувшей, что «коронки и мосты долгое время находились в земле». Работали в резиновых перчатках—боялись инфекции.

Коллектив был дружный. Крепили семью. «Свидетель Нюхалова показала, что муж ее периодически отсутствовал дома, объяснял это тем, что работает маляром-высотником, и регулярно приносил зарплату».

"What's it feel like, digging?" He replied: "How would you feel, yanking out a gold bridge broken by a bullet? Or swiping a kid's little boot with a bit of a bone in it?" They got it with difficulty, so they could take that flawed bridge to the exchange.

With them, there was no question of "guilty or not guilty." They didn't even have the satanic chick of those pranksters Hella and Behemoth.[1] It was all clear. It turned out to be a tough job, since basically the people lying there were modest of means, doing a trade in dentures and more crowns. They quarrelled over whether the ore stayed foul. They complained that the cast off bodies were in haphazard heaps, and it was hard to work. One worked in the hole—two got the skulls and smashed them, pulling out the teeth with pliers— "they cheated the dust out of them and the remains of teeth," they drove them to the Simferopol "Coral" market and the Sevastopol "Amber" market, haggled till tedium with Gajda the appraiser, who realized right off that "the crowns and bridges had been in the ground a long time." They worked wearing rubber gloves afraid of infection.

The collective was amiable. The family was strengthened. "Witness Nyukhalova testified that her husband periodically was away from home. He accounted for this in that he was working as a painter and high-iron worker, and he regularly brought his pay home."

---

[1] Hella and Behemoth were the diabolical witch and cat in Bulgakov's novel, *The Master and Margarita*.

Духовные процессы научно-технического века породили «новый роман», «новое кино» и психологию «нового вора».

По аналогии с массовым «поп-артом» и декадентским «арт-нуово» можно разделить сегодняшнюю алчь на «поп-алчь» и «алчь-нуово». Первая попримитивнее, она работает как бы на первородном инстинкте, калымит, тянет трояк в таксопарке у таксиста, обвешивает. Вторая— сложнее, она имеет философию, сочетается с честолюбием и инстинктом власти. Но какой пробой измерить чудовищность такого нового жанра, как обворовывание душ?

В первый день процесса, говорят, зал был заполнен пытливыми личностями, внимающими координатам захоронения. На второй день зал опустел—кинулись реализовывать полученные сведения. Лопаты, штыковые и совковые, прятали на соседствующем сельском кладбище. Копали при свете фар. С летнего неба, срываясь, падали зарницы, будто искры иных лопат, работающих за горизонтом.

Ты куда ведешь, ров?

Куда ведет цепная реакция симферопольского преступления, зацепленного с людской Памятью, связью времен, понятиями свободы и нравственности? Повторяю, это процесс не уголовный—духовный процесс. Не в шести могильных червях дело. Почему они плодятся, эти новорылы? В чем причина этой бездуховности, отрыва от корней, почему сегодня сын выселяет мать

The spiritual procedures of these high-tech sci-fi times have given rise to the "new novel," a "new cinema," and the psychology of the "new thief".

Analogous to mass market "pop-art" and decadent "art-nouveau," we can split today's snatch into "pop-snatch" and "snatch-nouveau." The first is a bit more primitive. It's rooted, as it were, in primal instinct, with always a little take on the side, bleeding the taxi-driver for triple at the taxi yard, and short weights. The second is more complex, it's got a philosophy, ambition plus the power drive. But where will we find a way of measuring this new genre's enormity, this ripping off of souls?

They say that the first day of the trial, the courtroom was loaded with nosey parkers, picking up on where the burial place was. On the second day the room was deserted—they had taken off to make good on the goods they had got. They hid the spades, bayonet blades and shovels, at the neighbouring country cemetery. They dug by the light of highbeams. Lightning fell out of the summer sky, like sparks on the earth from other shovels, working the horizon.

Where are you taking me, ditch?

Where does the Simferopol chain reaction lead, fettered to human remembrance, the tie of times, notions of freedom and morality? I repeat, this was no criminal trial—but a spiritual proceeding. The matter does not rest with six tomb-worms. Why are they multiplying, these new mugs? What caused this soullessness, this uprooting of roots? Why is a son evicting his mother from their

из жилплощади? Или это разрыв кровной родовой связи во имя отношений машинных? Почему, как в Грузии, ежегодно не отмечаем День поминовения павших? Память не закопать. «Немецко-фашистскими захватчиками на 10-м км были расстреляны мирные жители преимущественно еврейской национальности, крымчаки, русские»,— читаем мы в архивных материалах. Потом в этом же рву казнили партизан. Это глубины священно-исторические. А нажива на прошлом, когда кощунственно сотрясают священные тени?

Боян, Сковорода, Шевченко учили бескорыстию.

Не голод, не нужда вели к преступлению. Почему в вечных, страшных и святых днях.

Ленинградской блокады именно голод и страдание высветили обостренную нравственность и бескорыстный стоицизм? Почему ныне служащий морга, выдавая потрясенной семье тело бабушки и матери, спокойно предлагает: «Пересчитайте у покойницы количество зубов ценного металла», не смущаясь ужасом сказанного?

«Меняется психология,—говорит мне, щурясь по-чеховски, думающий адвокат,—ранее убивали попросту в "аффекте топора". Недавно случай был: сын и мать сговорились убить отца-тирана. Сынок-умелец подсоединил ток от розетки к койке отца. Когда отец, пьяный, как обычно, на ощупь лежа искал розетку, тут его и ударило. Правда, техника оказалась слаба, пришлось добивать».

quarters? Or is this break in ties of blood and birth done in the name of the mechanical mind? Why don't we, as they do in Georgia, hold an annual Day of Remembrance for the fallen? Remembrance is not burial. "At the 10th km., German-Fascist invaders shot to death peaceful citizens predominantly of Jewish nationality, Crimean inhabitants, Russians"—we note in archival sources. Afterwards, in that same ditch they executed a partisan. This has a sacred historical intensity. And the profits of the recent past, when they blasphemously shook sacred ghosts?

Boyan, Skovoroda,[1] Shevchenko taught selflessness. It was not hunger or need that caused the crime.

Why in the interminable, terrible, holy days of the Leningrad blockade did that very hunger and suffering shine in refined morality and unselfish stoicism? Why does a morgue employee, while giving grandmother and mother a body, calmly suggest to a shaken family; "Re-count the valuable metal teeth belonging to the deceased," undeterred by the horror of what he is saying?

"Psychology changes,"—a thoughtful lawyer says to me, screwing up his eyes in Chekhovian manner. "Before, they killed plain as day, 'temporary insanity of the axe.'

---

[1] Boyan (Boian)—the legendary Russian singer-warrior of 11th-12th centuries, whose name became a symbolic designation for Grigory S. Skovoroda, Ukrainian philosopher & poet of the 18th century; his philosophy based on Christian morality. Taras Shevchenko (1814-1861) is thought of as Ukraine's national poet and artist.

Только двое из наших героев были ранее судимы, и то лишь за членовредительство. Значит, они были как все? В ресторанах они расплачивались золотом, значит, вокруг все знали? Чья вина здесь?

Откуда выкатились, блеснув ребрышками пробы, эти золотые червонцы, дутые кольца, обольстительные дукаты—из тьмы веков, из нашей жизни, из сладостного Средиземноморья, из глуби инстинкта? Кому принадлежат они, эти жетоны соблазна,—мастеру из Микен, недрам степи или будущей ларешнице? Кто потерпевший? Кому принадлежат подземные драгоценности, чьи они?

Мы стоим на 10-м километре. Ничья трава свежеет вокруг. Где-то далеко к северу тянутся ничьи луга, ничьи рощи разоряются, над ничьими реками и озерами измываются недостойные людишки? Чьи они? Чьи мы с вами?

Not long ago there was a case: mother and son agreed to kill a tyrannical father. Sonny, a skilled craftsman, hooked up his father's bed to the electrical outlet. When the father, drunk as usual, felt for the socket while lying down, it jolted him then and there. True, the technique was not so hot, he had to finish him off."

Only two of our heroes had been in court before, and only charged with mutilation. So, were they like everybody else? Did they pick up restaurant checks with gold, in on the act? Who is guilty here?

Where did they rise up from, glittering little carat-stamps, these gold ducats, hollow rings, seductive sovereigns—from the darkness of ages, from our lives, from the sweet Mediterranean, from deep instinct? Who do they belong to, these tokens of temptation—the Mycenae master, the bowels of the steppe or some future jewel box? Who is the survivor? To whom do buried treasures belong, who owns them?

We stand at the 10th kilometer. No one's fresh grass grows all around. Somewhere in the far north, no one's meadow stretches; are no one's graves being wrecked, no one's rivers and lakes jeered at by mean, unworthy people? Whose owns them? Who do we belong to?

ОЗЕРО

Я ночью проснулся. Мне кто-то сказал:
«Мертвое море—священный Байкал».

Я на себе почувствовал взор,
Будто я моря убийца и вор.
Слышу—не спит иркутянин во мгле.
Курит. И предок проснулся в земле.

Когда ты болеешь, все мы больны.
Байкал, ты—хрустальная печень страны!

И кто-то добавил из глубины:
«Байкал—заповедная совесть страны».
Плыл я на лодке краем Байкала.
Вечер посвечивал вполнакала.

Ну, неужели наука солгала
над запрокинутым взором Байкала?

И неужели мы будем в истории —
«Эти, Байкал загубили которые»?

The lake

I woke at night. Some said:
"The sea of holy Baikal is dead."

Someone's eyes are on me.
As if I had murdered and stolen the sea.
And hear—the Irkutskian is wide awake in the dark.
He's smoking. The ancestor has wakened in the earth.

When you are sick, we are sick.
Baikal, the country's crystal liver!

And from the deep someone added:
"Baikal, the inner eye of our world."
I drifted in a boat along the Baikal shore.
Evening had a lustre.

So, did science actually tell lies
Before the unflinching eye of Baikal?

And will we really be known as—
"Those who wrecked Baikal"?

Надо вывешивать бюллетень,

как себя чувствует омуль, тюлень.

Это не только отстойников числа —

совесть народа должна быть чистой.

Вот почему, указав показуху,

борются наши прорабы духа,

чтоб заповедником стало озеро,

чтоб его воды не целлюлозило,

чтобы никто никогда не сказал:

«Мертвое море—священный Байкал».

«...23 сентября в 20 часов в квартире..,—предложил гр. Ш. купить у него золотую монету царской чеканки достоинством 10 руб. и назвал цену монеты 500 руб., с целью получить при этом наживу стоимостью 140 руб., пояснив, что только за указанную сумму продаст монету ей. Однако свой преступный замысел до конца не довел по не зависящим от него причинам, т. к. Ш. отказалась покупать монету...»

«...25 сентября в 17 часов, будучи в состоянии

We must send out a bulletin,
About how salmon and seal feel.
It's not only the increasing sediment—
The country's conscience has got to be cleared.

This is why, as they ferret out the flim-flam,
Dancers expert in diatribe vs dialogue wrestle

To preserve the lake as a reserve,
So its waters won't turn to cellulose,

So no one will ever say:
"The sea of holy Baikal is comatose."

"...September 23 at 20:00 hours in the apartment...he
suggested that citizen buy a gold coin of Tsarist
minting from him, a face value of 10 rub. and mentioned
a price of 500 rub. for the coin, with the aim of obtaining
by this a profit value of 140 rub., explaining that only for
the indicated sum would he sell the coin to her. However,
he didn't bring his criminal plan to fruition, through no
fault of his own, since Sh. refused to buy the coin..."

"September 25 at 17:00 hours, being in a state of
alcoholic intoxication, in the apartment of citizen

алкогольного опьянения, в квартире гр. Фасоновой беспричинно, из хулиганских побуждений, громкой нецензурной бранью стал оскорблять Фасонову, проявляя особую дерзость, схватил ее за плечи, плевал ей в лицо, затем стал избивать ее в помещении кухни, наносил удары по туловищу и по другим частям тела, причинив ей согласно заключения судебно-медицинской экспертизы мелкие телесные повреждения, не повлекшие расстройство здоровья. Свои хулиганские действия он продолжал в течение 20-30 мин., чем мешал спокойному отдыху окружающих его людей» (т. 1, л. д. 201-203).

Ты куда ведешь, ров?

Ты куда ведешь, ров?

Тени следуют за нами. Слова оживают. В свое время я написал стихотворение «Живое озеро», посвященное закарпатскому гетто, расстрелянному в годы войны фашистами и затопленному водой. В прошлом году я прочитал стихи эти на вечере в Ричмонде. После вечера ко мне подошла Ульяна Габарра, профессор литературы Ричмондского университета. Ни кровиночки не было в ее лице. Один взгляд. Она рассказала, что вся семья ее погибла в этом озере. Сама она была малышкой тогда, чудом спаслась, потом попала в Польшу. Затем в Штаты. Стихотворение это в свое время иллюстрировал Шагал. На первом плане его рисунка ребенок оцепенел на коленях матери. Теперь для меня это Ульяна Габарра.

Fasonova, groundlessly, from hooligan motives, with loud unquotable abuse, he began to insult Fasonova, showed particular impudence, grabbed her by the shoulders, spat in her face, then began to beat her on the kitchen premises, inflicted blows on her torso and on other parts of the body, causing her, according to expert medico-legal opinion, slight corporal injuries, not entailing a disturbance to her health. He continued his hooligan activities for the course of 20-30 min., which disturbed the peaceful rest of the surrounding people" (vol. 1, pp. 202-203).

Where are you taking me, ditch?

Where are you taking me, ditch?

Shadows trail us. Words revive. In my time I wrote The Living Lake, dedicated to the Transcarpathian ghetto, shot down during the war by Fascists and flooded with water. Last year I recited these verses at an evening party in Richmond. Afterwords, Ulyana Gabarra, a professor of literature at Richmond University, came up to me. She was deathly pale. A certain stare. She told me that her whole family had perished in that lake. She was a little kid then, she escaped by a miracle, then wound up in Poland. Then to the States. In his time, Chagall illustrated the poem. In the foreground of his illustration, a numb child on its mother's lap. Now, for me, that is Ulyana Gabarra.

Am I writing a poem? A cycle of poems? That doesn't interest me at all. The only thing that interests me is the lessening of wickedness. A soot-stained skull is staring at me. The more wickedness I collect in my country—the

133

Поэма ли то, что я пишу? Цикл стихотворений? Вот уж что менее всего меня занимает. Меня занимает, чтобы зла стало меньше. Закопченный череп на меня глядит. Чем больше я соберу зла на страницы—тем меньше его останется в жизни. Сочетается ли проза с поэзией?

А зло с жизнью? Еще в «Озе» я впервые ввел прозу в поэму, но там у нее была фантасмагорийная задача.

Протокольная проза «дела» куда чудовищнее фантазии. Люди раскрывались, когда я говорил и об этих фактах. Одни делали голубые глаза, другие не советовали ввязываться. К счастью, большинство иных. Но сейчас симферопольским умельцам некие лица заказали изготовить металлоискатели по схемам, опубликованным в радиожурнале.

Повествование затягивается. Ров тянется. Новые и новые лица открываются. Когда этот ужас кончится? Но нет, еще прут, еще…

Ты куда, ров, ведешь?

less residue there'll be in my life. Does prose blend with poetry? Or wickedness with life?

In Oza, I put prose into a poem for the first time, but with a phantasmagoric intent. The procedural prose of this "case" is far more monstrous than fantasy.

People opened up when I talked to them about such facts. Some rolled their eyes, others advised me not to meddle. Luckily, most took another tack.

But now, certain people have ordered Simferopol mechanics to manufacture metal detectors, based on an outline made public on the radio.

Narrative is tightening. The ditch attracts. Ever fresh faces are revealed.

Where, ditch, are you taking me?

Диагноз

Год уже, как столкнулся я с ужасом рва.
Год уже, как разламывается голова.

Врач сказал, что я нерв застудил головной,
хожу в шапочке шерстяной.

Джуна водит ладонями над головой,
говорит: «Будто стужей несет ледяной!»

Оппонент мой хрюкает, мордой вниз:
«Говорил я, что холоден модернизм».

Неужели застуда идет изнутри?
И могильная мысль может мозг изнурить?

Во мне стоны и крик, лютый холод миров.
Ты куда ведешь, ров?

1986

Diagnosis

A year's passed since I collided with the horror of the ditch.
A year's passed since my head began to ache.

The doctor said I chilled a cranial nerve,
I walk wearing a little woolen cap.

Juna, capping her head with her hands,
says: "Like there's an icy chill in the air!"

My critic grunts, muzzle down:
"I said modernism was cold."

Is the chill within?
Will all this talk about tombs tire my brain?

In me, the world's inherent chill, its cries and whispers.
Where are you taking me, ditch?

ПослеСловие

EndPoem

Anna Akhmatova

О, есть неповторимые слова

О, есть неповторимые слова,
Кто их сказал—истратил слишком много.
Неистощима только синева
Небесная и милосердье Бога.

1916

Strong Words

O, some spoken words need stay unspoken!
Some writers should bite their tongues;
Only the blue dome of the sky and God
In His infinite mercy are inexhaustible.

THE TRANSLATIONS

This book came out of casual conversation. It began as little more than a possibility, the possibility that two men, Vladimir Azarov and I, who hardly knew each other, could work three poems by Pushkin and seven poems by Akhmatova, into a selection that would make a fine chapbook. That's not the way it worked out. A chord between us had been struck: I had been to Russia (the Soviet Union) a couple of times and Vladimir was now living in Toronto; his curiosity had survived dread, I had my dread of the incurious. Years earlier, I had studied the Russian language; Vladimir, a successful Moscow architect, had been writing poetry in English for several years; I had set one of my books, *Hogg, The Seven Last Words*, in Leningrad, he had published poems about Mary Pickford of Toronto.

It was an unlikely beginning, and we were an unlikely pair, but there we were, and one line led to another poem, another poem to another line, until there were ten Akhmatovas and then twenty. And four, five, and then six Pushkins. It was hard to say where this was going to go except that we kept going, with an every day obsessiveness that suited our temperaments and exhausted those close to us. Finally, I said to Vladimir Pavlovich, "You know, over the years, I have translated some of Andrei Voznesensky's work. In fact, in the 80s, I knew Voznesensky and he had given me his dark prose-poem, *The Ditch*, to translate, which I had done. Because Voznesensky was also, like you, an architect, and because one of his signal poems uses architecture as a metaphor for intellectual upheaval in his time, maybe what we need to contemplate is

a book that begins with a touch of Pushkin, then a good deal of Akhmatova, and a conclusion by Voznesensky."

That is what we have done, that is how this book came to be, and that is why it has the shape it has.

All Russians seem to love Pushkin. Most English-speaking readers don't know the work of Pushkin at all, and if they do, it is usually because of his short stories, or perhaps because of *Boris Godunov*, the opera that Modest Mussorgsky based on Pushkin's Godunov "chronicle," but seldom do they know Pushkin's poetry, either his sequences of short poems, like Autumn, or his great works, *Evgeni Onegin*, his novel in verse, or *The Bronze Horseman*.

As several serious critics and linguists have said, "Pushkin is untranslatable." More often than not, he is thought of by English readers as a kind rhymester, an expert in verse narrative like Byron (which is wrong; as Edmund Wilson pointed out, Pushkin—with his ear and his eye for landscape detail, and the way he rolls those details forward mellifluously, rhyming all the while, is more like Keats than Byron, which of course changes everything); anyway, he is extremely hard to render into English in any manner that does not suggest Hallmark doggerel (one remembers the public battle between Edmund Wilson and Vladimir Nabokov over the attempt by one man to translate Pushkin into something like the original iambic tetrameter and Nabokov's determination to stick to an iambic base that all too often "jolted" into prose) and Russians often say that the English reader, to appreciate the force of Pushkin, must first understand the effect Pushkin had on the

Russian language of his time, and then, the English reader would have to learn how to hear the meaning that emerges out of his music (not the music that emerges out of deepest, darkest meanings, as with Dostoievsky), and so, faced with such "impossibilities," Azarov and I settled on three little Pushkin "love" poems and three poems from the sequence, "Autumn." We weren't trying to prove anything big, just trying to get a few poems as close to the original as we could.

Which led us to Anna Akhmatova.

I had a finely etched sense of her and her work. In the iron curtain years, I had come to her through the translations of D.M.Thomas: her lean balletic figure, that hawkish blade nose that matched her lean, blade-like images—the image of her standing apart and yet amidst long grey lines of women outside prison walls in Leningrad—there was something so enduring, something so spiritually tough about her that even the forces of Stalinism could not break her down. She had been a witness who could not be reduced to silence, a woman who had become in my mind the voice of *Requiem*...stalwart, laconic and cutting in the face of terror.

Since translation is an act not just of familiarity but of intimacy, I of course began to read her more closely.

Laconic, yes, compacted, yes, often coldly abrupt and ironic, yes, erotically muted, yes, carefully crafted with strict rhyme patterns, yes (here, she is much like Pushkin in that her lines and rhymes, the assonances and alliterations, flow with a spoken, if taut, naturalness—this naturalness being part of the mystery, in that nobody spoke like Pushkin and nobody speaks like Akhmatova), and all of this is compounded as

a problem for the translator by the fact that, in Russian, pronouns and prepositions can be dispensed with, articles are done without altogether, and many images exist in Lego-like agglutinations.

One of the first poems we dealt with, because it was short and deceptively simple—and because it might act as a kind of warm-up, was this ballad stanza:

> Он любил три вещи на свете:
> За вечерней пенье, белых павлинов
> И стертые карты Америки.
> Не любил, когда плачут дети,
> Не любил чая с малиной
> И женской истерики.
> ...А я была его женой.

This little poem, rhyming *abcabcb* in Russian, became a poem rhyming *abcacca* in English, the *c* of the fifth line being only a half-rhyme:

> He loved three things in life:
> White peacocks, evensong,
> And old maps of America.
> He hated hearing a child's strife,
> Hated tea with raspberry,
> And womanish hysteria.
> ...I was his wife.

Aside from the pleasure of getting this close to the original, I have to say at this point that, for me, translation is—as François Mauriac said of gambling—a form of continuous suicide: with every turn of a card, every race, with every throw of the dice, with every phrase in translation, there is no past, certainly no significant future, only an eternal and always optimistic present tense. Beyond that, I was growing fascinated with the men in Akhmatova's life, the number of them, and not only her boldness (having an affair with Amedeo Modigliani while on her honeymoon in Paris, posing nude for him so that the affair would be recorded; then sharing close rooms with the art historian, N. N. Punin and his wife, Anna Evgenievna, for some sixteen years), but her utter frankness about her need for love while refusing to say anything analytical about such love. In fact, there was no Why or Wonder about each love; over and over she seemed only to want to present herself as having been in a state of longing, even lust, and now was in a consequent state, humiliated, having been sloughed off, even whipped...all with an air of extraordinary reticence more akin to piety than carnal passion. About this she could be, not surprisingly, very subtle, very quick.

For example, in the poem, "Cinque," in which she and her lover had once risen "up like stars," she ends by making a confession: now that she and her lover are separated she cannot help herself, she cannot close the door to a humiliation that he knowingly, tauntingly, leaves ajar for her: the end rhyme is a hard-sounding—

> И ту дверь, что ты приоткрыл,
> Мне захлопнуть не хватит сил.

—"*priotkryl—ne khvatit sil*"—which implies more than a door that she couldn't close. We have rendered this moment with a half rhyme that captures the half-open implied violence—"aslant/ slam." This striking willingness of hers to openly assess and state the harsh condition of her affairs is clearly stated in "A White Night," which ends:

> Is this why I yearned to kiss you?
> Driven half-crazy by loving?
> To calmly remember you
> With such weary loathing?

Suddenly, after a dozen such poems—a couple of which we found impossible to work into a musical English—I had the feeling that I was dealing not with a spectral figure standing outside a prison wall in a long line of women who had once had faces, but with an emotionally alert Anna Karenina who had determinedly come back from Paris to live out her affairs in the shadow of the Kremlin.

Was this too easy?

Maybe, but her lines *I was wearing my left glove / On my right hand* recalled for me that passage in *Anna Karenina* where Vronsky, having forgotten his gloves at his fiancée's, sends his servant to get them—a dismissive slight, a last straw for Anna K.

Was this too glib, this linking of the emotions of Anna K. and Anna A.?

Maybe, maybe not.

Sometimes, while trying to get hold of emotions that have no simple names, those complex emotions in flux that are suggested in these poems, there is (as with gambling) nothing to do but wait for intuition to kick in, to hope for the right word (rightness as a moment of light, of triumph, in the face of the inevitable sense of shortcoming that haunts the translator): several phrases, several lines in Akhmatova's poems—and several rhyme patterns—were a torment—the idea of Leningrad being a wing attached to its own prison...her idea of herself as a bastion among tall towers...or, how to describe freshly one of Leningrad's white nights...or, how to get hold of the smell and taste of the ocean in a plate of oysters...and, how to speak of a common word that in its uncommonness should be very sparely used. As for the latter, after a week of waiting, a phrase came suddenly (it arrived for no other reason than that it was in demand and I was in dire need):

O, some spoken words need stay unspoken!

After realizing that phrase upon the page, it was possible to say with confidence:

Some writers should bite their tongues;
Only the blue dome of the sky and God
In His infinite mercy are inexhaustible.

Which of course suggests that all else is exhaustible, the "else" of exhaustion being at the heart of Andrei Voznesensky's volatile and charged

poetry and prose/poetry, whether that charge is in his response to history as completely gutted by war, or a young isolated woman at the mercy of the indifferent cold and cold indifference, or the destruction by fire of trite and tried aesthetic styles, or the moral wreckage of a society that digs up corpses and robs from its own dead.

This was and is the Voznesensky I had first tried to translate in the late 60s.

I had taken on his iconic poem, "Goya."

I learned something about translation back then; translation leads to obsession, it does not go away—phrases noodle at you, nettle at you at the back of your brain pan, embarrass you.

So it was with the first line of that poem (a poem so boldly dependent in the Russian on the guttural power of the "*g*" sound, as if through the repetition of "*g*" words he was actually gouging the air): "Ya Goya"… is one thing when intoned; "I am Goya"…is a limp other.

I hated the inadequacy of the sound in English. But what to do? I published what I had done and the translation sat there on the page, almost forgotten.

Some time in the 70s, however, and for no apparent reason, I had a Herman Melville moment. Standing alone on Yonge Street, I said aloud to myself (and anyone who happened to be passing by), "Call me Goya!"

For me, that did the trick. It had been worth waiting ten years.

Then, in the 80s, by happenstance I found myself telling this to Voznesensky himself, and we stood in my home chanting together, "Call me Goya, Call me Goya…" He asked me if I would want to trans-

late sections of his prose/poetry sequence, *The Ditch*. Of course I said Yes.

And I did. Grim work as it was, and is.

And so, to sum up the how and why of this little book I shall amend the jocular tone that masked the serious intent of the great Irish poet, Patrick Kavanagh:

> In this delightful weather,
> Azarov and I went off together,
> Prometheus called us on!

Barry Callaghan
Toronto
June, 2013

Biographical Notes

Alexander Pushkin (1799–1837) was a master novelist, dramatist, and poet, the author of *Eugene Onegin*, *Boris Godunov*, and *The Bronze Horseman*. It is generally agreed that he was the founder of modern Russian literature. As a poet, he is beloved by Russians to this day. Of noble blood, he fought 29 duels and died defending his wife's honour at the age of 37 from a pistol shot by Georges-Charles D'Antes, a French officer.

Anna Akhmatova (1889–1966) was one of the greatest of 20th-century poets. She was censored, she was sometimes totally silenced, she was condemned by Stalin and Stalin's repressive literary henchmen. Her work has been translated throughout the world. She has become, as Osip Mandelstam said she would before he "disappeared" to die at Stalin's behest, "a symbol of Russian grandeur."

Andrei Voznesensky (1933–2010) was considered "one of the most daring writers of the Soviet era." His style led to regular criticism from contemporaries who cow-towed to the Party line, the Party aesthetic and Party politics, and he was once threatened with expulsion by Nikita Khrushchev. Before his death, after the fall of the Berlin wall and the implosion of Soviet socialism, he was both critically and popularly proclaimed "a living classic," and "an icon of Soviet intellectuals."

Vladimir Azarov is an architect and poet, formerly from Moscow, who lives in Toronto. His books include *Breaking Pastries, Seven Lives: Short Stories in Verse, Territories, Mongolian Études, Night Out, Dinner With Catherine the Great, Of Life and Other Small Sacrifices, Imitation, The Kiss from Mary Pickford: Cinematic Poems, Voices in Dialogue: Dramatic Poems.*

Barry Callaghan is an author, poet, and anthologist. He is the editor-in-chief of both Exile Editions and *Exile: the Literary Quarterly*, and the author of some 20 books that include *Hogg: The Poems, Hogg–Seven Last Words, Beside Still Waters* and the *Raise You Five/Ten/Twenty* non-fiction series.

photograph by Mark Tearle

PERMISSIONS

Alexander Pushkin's drawings are published by permission of the State Museum Pushkin House, St. Petersburg, Russia.

Amedeo Modigliani's drawings of Anna Akhmatova are taken from the Fountain House's album, *In the Hundred Mirrors. Anna Akhmatova on the Portraits of Contemporaries* (2004, St. Petersburg). One of Modigliani's drawings is used by permission of the owner (St. Petersburg). The Akhmatova portrait by artist Nikolai Tyrsa is used by permission of the Akhmatova Museum at the Fountain House.

Andrei Voznesensky's collages "Pasternak 1 and 2" are used by permission of his wife, Zoya Boguslavskaya ("The Fund of Voznesensky" in Moscow). Voznesensky's self-portrait is used by permission of Barry Callaghan. The photographs of Voznesensky standing in the Ditch were provided to Barry Callaghan by the poet in 1986.

Claire Weissman Wilks' monoprints for the endpapers are from the series Out of the Cave III, and are used by permission of the artist.